24230

NOTICE

DE PLUSIEURS

PRÉCIEUX TABLEAUX,

RECUEILLIS

A VENISE, FLORENCE, TURIN ET FOLIGNO,

Dont l'Exposition aura lieu dans le grand Salon du Muséum, les Octidi, Nonidi et Décadi de chaque Décade, à compter du 18 Ventôse, an X de la République.

Prix 75 centimes.

Le produit de ce Livret, ainsi qu'il est d'usage, est consacré aux besoins du Musée.

A PARIS,

De l'Imprimerie des SCIENCES ET ARTS, rue Ventadour, N.° 474.

AVERTISSEMENT.

EMPRESSÉE de multiplier les jouissances du Public, et de procurer aux Artistes des objets d'étude, l'Administration a successivement exposé dans le grand Salon, à mesure qu'ils lui sont parvenus, les Tableaux recueillis dans la Lombardie, à Bologne, Cento, Modène, Parme, Plaisance, Rome, Venise, Vérone, Florence et Turin. Elle les exposa tels qu'ils lui étaient arrivés ; mais, dans le nombre, il s'en trouva plusieurs qui étaient dans un état très-alarmant, et qu'on ne pouvait placer sans danger. L'Administration s'est donc occupée de leur prompte réparation, afin de les sauver de la ruine totale qui les menaçait. Elle s'en est occupée avec activité, et présente au Public le résultat de ses soins et de ses travaux, dans les Tableaux de Raphaël, venus de Foligno, dont l'explication est insérée dans la Notice, sous le N.° 55, et dans celui du Saint Pierre Dominicain, martyr, du Titien. Ces deux Tableaux arrivèrent sur bois ; la vétusté des panneaux, et sur-tout les maladies qui s'étaient manifestées à leur surface, occasionnées par l'humidité des lieux où ils étaient exposés, nécessitèrent leur transport sur un autre fond : ils sont actuellement sur toile. Après la désignation du Tableau de Foligno, l'Administration a joint un Extrait du Rapport que les citoyens Bertholet, Guiton-Morveau, Vincent et Taunay, ont fait à l'Institut national, sur les procédés employés par les habiles réparateurs que l'Administration occupe, sous sa surveillance immédiate.

Cette Exposition réunit des productions capitales

des Peintres des Ecoles florentine, vénitienne et romaine ; plusieurs viennent du Palais Pitti à Florence, ou de Turin. Elle offre de même à la curiosité, des Ouvrages d'Artistes inconnus à Paris et peut-être en France, tels sont les Chasseurs, de Jean de St-Jean ; la Vierge, l'enfant Jésus et le petit Saint-Jean, par Lorenzo Sabattini ; l'Ecce homo, du Cigoli. L'Administration a de même pensé que le Public verrait avec intérêt le précieux Tableau d'animaux de J. Wéenix, que le Ministre de l'Intérieur a fait acquérir à la vente des citoyens Paillet et Coclers. C'est en procurant ainsi au Musée central quelques productions semblables de Maîtres qui lui manquent, qu'on en formera la collection la plus complète et la plus magnifique de l'Europe.

Quant à l'ordre observé dans cette Notice, il est le même que celui observé dans celles qui l'ont précédée. Les Maîtres sont rangés par l'ordre alphabétique de leurs noms, ce qui en facilite la recherche. A la suite du nom du Peintre, est la date et le lieu de sa naissance, et celle de sa mort ; vient ensuite une courte explication du sujet de ses Tableaux, chacun indiqué par un Numéro qui correspond à celui placé sur le Tableau même ; à cet explication est jointe une note en petit caractère, qui renferme ce qu'on a pu recueillir sur le Tableau, et le lieu d'où il provient.

EXPLICATION

DES

TABLEAUX.

ALEXANDRE VÉRONÈSE (Alessandro Turchi detto l'Orbetto), *né à Véronne en 1600, mort à Rome en 1670.*

1. *Le Déluge.*

La terre presque submergée, ne présente pour aspect que la surface des terrains les plus élevés, sur l'un desquels un père, après avoir retiré des eaux son enfant, retire de même son épouse évanouie. Auprès de ce groupe on voit plusieurs figures, dont les unes noyées flottent sur les ondes, d'autres luttant, té-

A

moignent, par différentes attitudes, leur frayeur à la vue de la mort qui les environne. D'un autre côté, un homme ajuste une draperie à un arbre, pour mettre à l'abri une mère éplorée qui tient son enfant dans ses bras.

Ce Tableau, tiré de l'ancienne collection, est gravé par Gérard Edelinck, L'estampe se vend à la Calcographie du Musée.

2. Le Mariage de Sainte Catherine.

L'enfant Jesus, assis sur les genoux de la Vierge, met un anneau au doigt de Sainte Catherine. Cette Sainte a la main appuyée sur la roue, instrument de son martyre.

Ce Tableau, gravé par J. Scotin, est tiré de Versailles. L'estampe se vend à la Calcographie du Musée.

3. La Mort d'Antoine.

Proscrit par le Sénat Romain, poursuivi par Octave, vaincu à *Actium*, défait à *Paretonium*,

Antoine voulut tenter une dernière bataille vers Alexandrie. Ayant vu ses vaisseaux saluer ceux d'Octave, en recevoir le salut, les deux flottes réunies prendre la route du port, et sa cavalerie déserter du côté de l'ennemi, il rentra dans Alexandrie, après avoir tenté un dernier effort avec le peu de troupes qui lui était restées fidelles, accusant hautement Cléopâtre de l'avoir trahi. Cette reine coupable, à qui il avait prodigué les richesses du monde, après avoir fait courir le bruit de sa mort, se réfugia avec ses femmes dans le tombeau qu'elle avait fait préparer, où son avarice avait réuni ses trésors.

Le malheureux Antoine, poursuivi par les troupes d'Octave, ne voulant pas survivre à Cléopâtre, son épouse, se perça de son épée, et ayant appris que cette reine existait encore, il ordonna qu'on le transportât au lieu où elle s'était réfugiée, afin d'expirer à ses yeux et dans ses bras.

Tel est l'instant que le peintre a choisi. Antoine mourant, est étendu sur un lit ; Proculeius, un de ses capitaines est à ses côtés ; sur la droite, Cléopâtre, assise, est évanouie entre les bras de ses femmes.

Ce Tableau, peint sur toile, vient de l'ancienne collection de l'hôtel Toulouse ; c'est une des plus capitales productions de cet habile maître.

ANDRÉ DEL SARTO (Andrea Vannucchi), *né à Florence en* 1488, *mort en* 1530.

4. *La Déposition de Croix.*

Le Christ est mort, pleuré par sa mère, Saint Jean et la Madeleine. Saint Pierre, Saint Paul et Sainte

Catherine contemplent avec douleur cette scène attendrissante.

Ce Tableau, peint sur bois, vient du Palais
Pitti. André le peignit pour le couvent dit
Mugello, à Florence.

5. *L'Histoire de Joseph, en deux*
Tableaux.

Dans le premier on voit, à gauche, le jeune Joseph racontant à
sa famille les songes qui lui annoncent sa future élévation. Au centre,
Jacob et Rachel envoyent Joseph
avec ses frères ; ceux-ci, résolus de
s'en défaire, le descendent dans la
citerne ; plus loin, ils le vendent à
des marchands madianites ; sur la
montagne on voit Juda égorgeant
un chevreau, pour ensanglanter la
robe de Joseph ; enfin, sur le devant, Jacob au désespoir à la vue
des vêtemens sanglans de son fils
chéri.

6. Le deuxième Tableau présente la suite de l'histoire de Joseph après son arrivée en Egypte, son emprisonnement, l'explication qu'il donne des songes des deux prisonniers qui étaient avec lui ; son élargissement par ordre de Pharaon ; enfin, ce Prince, frappé de la sagesse de Joseph, lui confiant l'administration de son empire.

Ces deux Tableaux, peints sur bois, viennent du Palais Pitti.

7. *Le Christ déposé de la Croix.*

A la vue du corps de son fils, que soutient Joseph d'Arimathie, la Vierge, pénétrée de douleur, s'évanouit entre les bras des Saintes femmes et de Saint Jean.

Ce Tableau, peint sur bois, vient de Ville-neuve-sur-Yonne. On le croit d'André Sguazzella, son élève.

BASSAN (Jacopo da Ponte, dit), *né à Bassano en 1510, mort en 1592.*

8. *La Nativité de Jésus, ou Adoration des Bergers.*

La Vierge à genoux auprès de l'enfant Jésus couché dans sa crèche, lève une partie du linge qui le couvre, pour le montrer aux Bergers, tandis que Saint Joseph le regarde avec admiration.

9. *Les Noces de Cana.*

Jésus - Christ, placé sur le devant de la table, change l'eau en vin. Tous les assistans se parlent entre eux à la vue de ce miracle. Des domestiques annoncent à une espèce de maître - d'hôtel ce qui vient de se passer.

Ces deux Tableaux, peints sur toile, viennent de Versailles.

A 4

10. *Jésus-Christ portant sa Croix.*

Jésus-Christ à genoux et succombant à la fatigue d'une si pénible marche, est accompagné de deux bourreaux qui le maltraitent. Plusieurs satellites forcent Simon le Cyrénéen à soulager le Sauveur, en lui aidant à porter sa Croix. La Vierge, couchée et presque évanouie, est soutenue par les Saintes femmes.

Le fond représente un Paysage et la montagne du Calvaire.

BASSAN (Leandro da Ponte, dit le chevalier Léandre), *né à Bassano en 1558, mort en 1623.*

11. *La Résurrection de Lazare.*

Lazare est déjà sorti du tombeau, au grand étonnement d'une foule de Juifs accourus à ce prodige. Le

moment de la scène est celui où
Jésus-Christ ord... ... ... dé-
pouille du linceul et des bands lires
dont il est enveloppé. Parmi les
assistans, plusieurs sont occupés à
remplir cet office, d'autres se dis-
posent à le laver et à le parfumer.

Sur le devant on distingue Marthe
et Marie, à genoux, témoignant la
surprise mêlée de joie, qu'elles
éprouvent à la vue de leur frère
rendu à la vie.

Ce Tableau, peint sur toile, vient de l'église
della Carità, à Venise.

BORDONE (Pâris), *né à Trévise*
en 1500, mort en 1570.

12. *Un Portrait de Femme.*

Elle est vêtue de rouge, et vue
jusqu'aux genoux. On prétend que
c'est le portrait de la nourrice d'un

des princes de la maison de Médicis.

Ce Tableau, peint sur toile, vient du Palais Pitti.

BURRINI (Giovan-Antonio), *né à Bologne en 1656, mort en 1727.*

13. *Le Martyre de Sainte Victoire.*

Près des murs de Carthage, et environnée de soldats et de spectateurs, Sainte Victoire à genoux, attend la mort qui doit lui mériter la couronne et la palme du martyre.

CANALETTO (Bernardo Belloti, dit), *peintre et graveur à l'eau forte, né à Venise vers 1724, mort à Varsovie en 1780. élève d'Antonio Canale, son oncle.*

14. *Vue du Palais Ducal et extrémité de la Place de St-Marc à Venise.*

15. *Vue de l'Eglise et Place de St-Marc.*

16. *Vue de l'Eglise de la Salute ; archi-tecture de Baldisera Longhena.*

17. *Vue du Palais Cornaro, à San Mau-risio ; architecture de Vicenso Sca-mozzis.*

18. *Vue de plusieurs Palais.*

CARRACHE (Louis), *né à Bologne en 1555, mort en 1619.*

19. *La Translation du corps de la Vierge.*

Le corps de la Vierge, revêtu d'un linceul, est étendu sur un brancard que portent sur leurs épaules quatre des Apôtres, tandis que les autres portant des chandeliers et des torches, forment le cortége et ac-compagnent à la sépulture la mère de leur divin maître, en témoignant par leurs larmes, la douleur qu'ils éprouvent de sa perte. Dans le haut

A 6

du Tableau, un groupe d'Anges avec des cassolettes et des encensoirs, parfume l'air, et semble diriger la marche.

20. *Les Apôtres au Sépulchre de la Vierge.*

La Vierge vient de monter au ciel : un rayon de la gloire céleste qu'on aperçoit au haut du Tableau, indique encore sa trace lumineuse ; les Apôtres, saisis d'étonnement, accourent à son sépulchre : l'un s'empresse à le découvrir, l'autre saisit avec respect le linceul qui l'enveloppait ; tous témoignent leur extrême surprise de ne plus trouver que des fleurs au lieu qu'elle occupait.

Ces deux Tableaux, qui sont pendans, viennent de Plaisance, où ils se voyaient dans la Cathédrale, aux deux côtés du sanctuaire. L. Carrache les peignit vers l'année 1608 ; à la grandeur de ces compositions, et à la vigueur

avec laquelle elles sont exécutées , on ne soup-
çonnerait pas que l'auteur était déjà avancé en
âge.

CASTELLI (Valerio), *né à Gênes
en 1625, mort dans la même ville
en 1659, élève de son père* Bernardo
Castelli, *et de* Domenico Fiasella,
dit il Sarzana.

21. *Le Repos en Egypte.*

La Vierge, assise au pied d'une
ruine antique, tient sur ses genoux
l'enfant Jésus, à qui Saint Joseph
présente des cerises. Des Anges,
placés au-dessous d'elle, jouent
avec des fleurs; d'autres ajustent
au-dessus de sa tête une draperie,
et voltigent dans les airs.

Ce Tableau, peint sur toile, vient de l'église
des Quatre-Nations, à Paris.

CIGOLI (Ludovico Cardi, dit le), né à Cigoli près Florence, en 1559, mort à Rome en 1613.

22. *L'Ecce Homo.*

Pilate montre au Peuple le Roi des Juifs, qu'un soldat tient enchaîné. Derrière eux sont trois soldats portant les Aigles Romaines.

Ce Tableau est tiré du palais Pitti.

CONTARINO (Giovanni), né à Venise en 1549, mort en 1605. Ecole Vénitienne.

23. *La Vierge, Saint Sébastien et autres Saints.*

Assise sur un trône élevé, la Vierge tient sur ses genoux son fils qui paraît accueillir favorablement les prières du Doge Marino Grimani, qui est à genoux à gauche sur le devant. Près d'elle, et à sa droite, est

Sainte Martine, en habit de Moine, et tenant par la main le jeune enfant dont on l'avait accusée d'être père. Aux côtés du trône sont deux Anges jouant du luth : plus bas Saint Sébastien assis sur les degrés, et en face de lui Saint Marc debout, indiquant au Doge que c'est à la Vierge qu'il faut adresser ses prières. Sur le premier plan est le lion de Saint Marc.

Ce Tableau vient du Palais Ducal de Venise, où il se voyait dans la salle dite *des quatre portes*. Sur l'un des degrés du trône, on lit le nom de l'auteur en cette sorte : JOAN. CONTARENUS F. Le Musée national n'avait aucun ouvrage de ce Peintre.

DYCK (Antoine Van), *né à Anvers en 1599, mort à Londres en 1641, élève de P.-P. Rubens.*

24. *Le Portrait du Cardinal Bentivoglio.*

Gui ou Guido Bentivoglio, né à Férare en 1579, fut successivement Nonce en Flandre et en France. Paul V le créa Cardinal en 1621. Il devint l'ami et le conseiller intime d'Urbain VIII. Il mourut en 1644, après avoir publié p'usieurs ouvrages estimés, et qui ont été traduits en français.

Les lettres lui doivent une Histoire des Guerres civiles de la Flandre, une Relation de la Flandre, et des Lettres et Mémoires intéressans.

Ce Tableau vient du Palais Pitti.

25. *Le Portrait d'Alexandre Scaglia.*

César-Alexandre Scaglia, issu de la famille des comtes de Verrue, en Piémont, est célèbre par ses ambassades et sa conduite diplomatique dans les diverses cours où il fut envoyé par Charles-Emmanuel de Savoie. Il fut d'abord employé secrètement en France par ce Prince; mais ses intrigues ayant été découvertes, il fut obligé de fuir promptement du royaume, pour éviter le ressentiment du cardinal de Richelieu.

L'abbé Scaglia fut ensuite chargé par son Souverain, d'aller en Hollande, en Flandre et en Angleterre; pour négocier une coalition ou ligue, afin de maintenir le parti protestant en France; et s'opposer au projet de la cour de France; et sur-tout du cardinal de Richelieu, de soumettre la Rochelle, boulevart des Réformés.

L'Angleterre adopta ses projets; il chercha à les faire suivre par la cour de Bruxelles; mais Charles-Emmanuel étant mort, et Scaglia n'ayant point reçu de nouvelles lettres de créance de Victor Amédée, son successeur, il s'établit à Anvers, où il mourut en 1641.

Ce Tableau, peint sur toile, vient de l'église des Récolets d'Anvers.

26. Le Christ entre les Larrons.

La Madeleine éplorée embrasse le pied de la Croix; la Vierge et Saint Jean, pénétrés de douleur, assistent à ce triste spectacle.

Ce Tableau, peint sur toile, vient de la Belgique.

FETI (Domenico Feti, dit le), *né à Rome en 1589, mort à Venise en 1624.*

27. *La Vie champêtre.*

Sur le premier plan, une femme filant est assise au pied d'un arbre. Auprès d'elle sont deux petits enfans. L'un est assis et tient une crosse ; l'autre, debout, est appuyé contre une terrasse.

Sur la droite du Tableau, et dans l'éloignement, on découvre un laboureur conduisant une charrue.

Ce Tableau vient de l'ancienne collection.

FRA BARTOLOMEO (Baccio della porta, dit) *né à Savignano, près Florence, en 1469, mort en 1517.*

28. *Saint Marc évangéliste.*

Ce Tableau qui avait été fait pour les Domi-

nicains de Saint Marc à Florence, ornait le
Palais Pitti, d'où il est passé en France. Il est
Gravé par *P. Lorenzini*.

29. *Le Sauveur du Monde.*

Il est accompagné des quatre
Evangélistes. A ses pieds se voyent
deux enfans qui soutiennent le globe
du Monde, représenté dans un
cartel.

Ce Tableau a été fait pour un marchand
Florentin nommé *Salvador Billi*. Il vient du
palais Pitti, où il avait été transporté de l'église
della Nunciata.

GENTILESCHI (Orazio Lomi, dit),
né à Pise en 1563, *mort à Londres
en* 1646.

30. *L'Annonciation.*

La Vierge, debout, reçoit avec
humilité et résignation, la saluta-
tion de l'ange Gabriel, qui lui apparaît un genou en terre et un lis
à la main.

Ce Tableau est tiré de la galerie de Turin.

31. *Le Repos de la Sainte Famille.*

La Vierge, assise, tient son fils qu'elle allaite ; sur la gauche, Saint Joseph endormi, est étendu sur le dos. Le fond représente des débris de ruines antiques.

Ce Tableau était placé à Versailles, dans l'œil de bœuf.

GIORGION (Giorgio Barbarelli, dit le), *né en 1477, à Castel Franco, près de Trévise, mort en 1511.*

32. *Un Concert.*

On y voit un Religieux Bénédictin au clavecin ; près de lui un Dominicain tenant un violoncelle ; et de l'autre côté, un jeune homme coiffé d'une toque noire avec un panache blanc.

Ce Tableau, peint sur toile, vient du Palais Pitti.

GUERCHIN (Gio Francesco Barbieri, dit le), *né à Cento en* 1590, *mort en* 1666. *Ecole de Bologne.*

33. *Ste. Pétronille.*

Sainte Pétronille, dont le culte est très-ancien dans l'église, et qu'on nomme vulgairement en France Sainte Perine, était fille de l'Apôtre Saint Pierre ; c'est tout ce que l'on sait de sa vie. C'est le moment de sa sépulture que le peintre a représenté.

Vêtu de ses habits de fête, et la tête couronnée de fleurs (suivant l'usage de la primitive église, encore en vigueur en Italie), le corps de la Sainte est prêt à être déposé dans la tombe. Tandis que deux hommes le descendent, à l'aide de linceuls, un troisième, dont on n'aperçoit que les mains, le reçoit au fond de la fosse.

A gauche, et près du lit funèbre sur lequel il a été apporté, on voit un enfant, suivi de deux femmes éplorées, et d'un jeune homme portant une torche allumée. Du côté opposé, plusieurs assistans, parmi lesquels on distingue un jeune homme richement vêtu, prennent part à cette triste scène. Dans la partie supérieure du Tableau, et sur un groupe de nuages, on voit sous la figure d'une jeune et belle Vierge, magnifiquement parée, l'ame de Sainte Pétronille qui, dégagée des liens du corps, est reçue à bras ouverts par Jésus-Christ dans la gloire céleste qui l'environne.

Ce Tableau, le plus capital, sans contredit, qui soit jamais sorti du fécond pinceau du Guerchin, est tiré du Palais pontifical de Monte-Cavallo, à Rome, dont il ornait la grande salle qui précède la chapelle Pauline. C'est au pape Grégoire XV, de la maison de Ludovisi,

que l'on est redevable de ce chef-d'œuvre,
ainsi que le témoigne l'inscription suivante,
mise par le peintre au bas de son Tableau :

GREGORIO XV. PONT. MAX.
IO. FRANC.ˢ BARBERIVS CENTENSIS.
FACIEBAT MDC. XXIII.

Satisfait des ouvrages que le Guerchin avait
faits pour ses ne eux à la Villa Ludovisi, et
particulièrement du célèbre plafond de *l'aurore*,
Grégoire ne crut pouvoir mieux le récompenser
qu'en lui fournissant une nouvelle occasion
d'exercer ses talens ; il voulut qu'il eût part aux
grands Tableaux qu'il faisait exécuter alors pour
l'Eglise de St-Pierre : celui de l'autel de Sainte
Pétronille lui tomba en partage ; il l'exécuta
rapidement, et l'ayant terminé en 1623, l'année
même de la mort du Pontife, il fut mis en
place, où il est resté, jusqu'à ce qu'ayant été exécuté en mosaïque, il a été transporté au Palais de
Monte Cavallo. Le Musée central possède la
planche de cette belle composition, tres-bien
gravée par N. Dorigny.

L'estampe se vend à la Calcographie *dite* du
Musée.

JEAN DE SAINT-JEAN (Giovanni Mannozzi, dit), *né en 1590, à San Giovanni dans le Val d'Arno, en Toscane, mort en 1636, à Borgo San Piero in Gattolino, fut élève de Matteo Roselli.*

34. *Des Chasseurs assemblés.*

Dans une chambre, plusieurs Chasseurs assemblés tiennent leurs armes et le gibier qu'ils ont tué.

Ce Tableau, peint sur toile, vient du Palais Pitti.

JULES ROMAIN (Giulo Pippi, dit), *né à Rome en 1492, mort en 1546.*

35. *La Circoncision de Notre Seigneur.*

Dans un temple supporté par de magifiques colonnes torses, orné de plafonds richement décorés, et du chandelier à sept branches, l'enfant Jesus, posé sur un autel et soutenu par sa mère, est présenté à la circoncision. Entre l'autel et le Grand-Prêtre, on voit un jeune Lévite, qui donne à ce ministre les instrumens dont y a besoin pour cette cérémonie.

Le reste de la composition représente Saint Joseph et beaucoup d'assistans, qui tous prennent part à ce grand événement.

Ce Tableau, peint sur toile, provient de l'ancienne collection.

36. *La Sainte Famille dans un paysage.*

La Vierge, assise, tient sur ses genoux son fils, qui lui présente le petit Saint Jean ; sur la droite, est Saint Joseph, appuyé sur un autel antique.

Ce tableau, peint sur bois, vient du Palais Pitti.

B

LÉONARD DE VINCY, *né à Vincy, en Toscane, en 1743, mort à Amboise, en 1519.*

37. *La Vierge et Sainte Anne.*

La Vierge, assise sur les genoux de Sainte Anne, se baisse pour caresser l'enfant Jésus, qui est à terre et joüe avec un agneau.

Ce Tableau, peint sur bois, vient de l'ancienne collection.

LORENZO SABBATINI *(vulgairement nommé* Lorenzino da Bologna*), né à Bologne, florissait sous le pontificat de Grégoire XIII, mourut en 1577.*

38. *La Vierge, l'enfant Jésus et le petit Saint Jean.*

Ce Tableau, peint sur toile, vient du Cabinet du ci-devant roi de Sardaigne, à Turin.

MANTEGNA (Andrea Mantegna), né à Padoue en 1431, mort à Mantoue en 1517.

39. Le Parnasse.

A gauche on voit Apollon assis, faisant danser les Muses au son mélodieux de sa lyre ; à droite Mercure tenant Pégase au pied du mont Hélicon, d'où s'épandent les eaux d'Hippocrène. Au centre, et sur un rocher percé, à travers lequel on aperçoit une riche campagne, le peintre a placé le lit voluptueux de Mars et de Vénus : l'Amour est à côté d'eux ; il souffle les traits de la jalousie à Vulcain, qui, placé dans son antre et à côté de sa forge, menace son infidelle épouse et son heureux rival.

40. La Sagesse chassant les Vices.

Minerve, le casque en tête, la

B 2

lance en main, et précédée de la Chasteté, figurée par Diane, et de la Science, représentée par une femme portant un flambeau, chasse devant elle et poursuit les Vices; la Luxure, aux pieds de satyre; l'Oisiveté et l'Inertie, enfoncées dans un bourbier; la Fraude, la Malice, l'Ivrognerie, la Volupté, et enfin l'Ignorance, qu'emportent l'Ingratitude et l'Avarice. Dans les airs on aperçoit la Justice, la Force et la Tempérance qui reviennent sur la terre.

Le fond représente un bosquet, et sur la gauche une Nymphe Driade qui invite les Déesses à purger son empire.

Ces deux Tableaux, peints sur toile, proviennent du château de Richelieu.

MURILLO (Don Bartolome Estevan), *né à Pilas, près Séville, en 1613, mort à Séville en 1685.*

41. *Un jeune Mendiant.*

Assis dans une chambre, et éclairé par la lumière du soleil, ce jeune infortuné détruit la vermine qui le ronge. A ses pieds sont des crevettes et des pommes dans un panier.

42. *La Sainte Famille.*

La Vierge, assise, tient sur ses genoux l'enfant Jésus, qui joue avec un chapelet.

Ces deux Tableaux sont peints sur toile, et font partie de l'ancienne collection.

PALME LE VIEUX (Giacomo Palma dit), *né près Bergame en 1548, mort en 1596.*

43. *L'Annonce aux Bergers* ou *Ex voto.*

La Vierge et Saint Joseph re-

B 3

gardent avec satisfaction un jeune berger, qui, dans une attitude respectueuse, adore l'enfant Jésus. Sur la gauche une femme, probablement donataire du Tableau, est en prières.

Dans le fond on aperçoit des Anges qui annoncent aux bergers la naissance du Sauveur.

***

PAUL VÉRONESE (Paolo Caliari, dit), *né à Véronne en 1532, mort en 1588. Ecole Vénitienne.*

44. *Les Noces de Cana.*

Les convives sont assis sur les côtés d'une table immense et couverte de différens mets; vers le milieu l'on remarque La Vierge qui, après avoir dit à son fils, *ils n'ont pas de vin*, semble écouter l'ordre qu'il va donner; derrière est un grand balcon qui facilite le service, et le fond est orné de colonnades

et de palais d'où les curieux admirent
l'ordre de ce magnifique festin.

Peu scrupuleux sur les convénances et le
costume, Paul Véronèse s'est attaché dans ce
Tableau à diversifier les habillemens qui étaient
en usage de son tems. Pour plaire et donner
à ses figures une variété qui pût intéresser, il
introduisit les portraits des personnages célebres
de son siecle. Le plus grand nombre en est
inconnu aujourd'hui, mais il passé pour cons-
tant que le marié, qui est le premier que
l'on voit à la droite du Tableau, est Don
Alphonse d'Avalos, marquis de Guasto; que
l'épousée, derriere laquelle est un fou, est la
femme de François I., roi de France (probablement Eléonore d'Autriche, sœur de Charles V); que ce roi est lui-même représenté
auprès d'elle, bizarrement vêtu; que la femme
qui est à ses côtés, est Marie, reine d'Angleterre,
fille de Henri VIII et épouse de Philippe II,
roi d'Espagne; que celle qui se nettoie les
dents, est *Vittoria Colonna*, épouse du marquis
de Pescaire; qu'après le negre inconnu qui parle
à un serviteur, se voit Soliman II, empereur
des Turcs; que celui qui est le premier assis
autour de la table, vu de profil et portant l'ordre
de la Toison-d'Or, est Charles V, empereur;
qu'à l'autre bout de la table et à la droite du
spectateur, sont deux cardinaux qui se trouvaient
à Venise lorsque Paul Véronèse peignait ce

Tableau; que près d'eux sont plusieurs moines, dont un vêtu de noir; et qu'enfin parmi les musiciens, qu'il a placés vers le milieu et sur le devant du Tableau, il se trouve les peintres vénitiens les plus renommés de son tems. Lui-même s'est peint en habit blanc, jouant du violoncelle, avec le Tintoret qui est derrière lui, de l'autre côté, on reconnait le Titien, qui joue de la basse, et Benoît Caliari, frère de Paul Véronèse, qui, vêtu magnifiquement et debout, tient une coupe remplie de vin.

Ce Tableau, le plus considérable des quatre Cênes, ou festins que Paul Véronèse a peints, se voyait à Venise dans le réfectoire des moines de St.-Georges-Majeur, et n'a été payé à Paul Véronèse que 90 ducats, faisant 675 liv. de France.

La deuxième Cène, représente le *Repas chez Simon*. Elle était placée dans le Réfectoire des religieux de Saint Sébastien, à Venise. Le Musée la possède.

Le troisième est le *Repas chez Lévi*, exposé sous le N.° suivant.

Enfin la quatrième de ces Cênes, où Paul Véronèse a peint *Jésus-Christ chez le Pharisien*, se voit depuis long-tems à Versailles, dans le salon d'Hercule, ayant été donnée à Louis XIV par la République de Venise, en 1665. Ainsi, grâces au Génie de la victoire, le public aura bientôt la jouissance de voir ces quatre magnifiques compositions réunies dans le Musée central.

45. *Le Repas chez Lévi le Publicain.*

Le festin se donne sous un portique spacieux et divisé en trois arcades, qui laissent apercevoir dans le fond, des palais de diverses structures. Vers le milieu, et parmi les Apôtres et les Publicains assis, on distingue Jésus, et en face de lui Lévi vêtu de pourpre, Sous l'arcade, à la droite du spectateur, se voit le portrait du moine qui fit faire ce Tableau. Il est reconnaissable à la serviette qu'il tient sur l'épaule, au couteau et à la fourchette dont il est armé pour découper (1). Vêtu d'un habit rayé, le maître d'hôtel, appuyé contre un piédestal, est peint sous les traits de l'empereur Vitellius. Près de lui est un nègre dont le rire semble inviter celui du spectateur.

---

(1) Ridolfi nomme ce moine *Fra Andrea de Buoni.*

Ce Tableau, qui se voyait à Venise dans
l'église de St-Jean et St.-Paul, est le troisième
des quatre grands festins peints par Paul Véronèse. Il l'exécuta en 1573, à l'âge de 40 ans.

46. *La Vierge, Saint Jérôme et autres
Saints.*

Assise dans une niche tapissée
d'une riche étoffe, la Vierge tient
dans ses bras l'enfant Jésus : il paraît
accueillir avec faveur le petit Saint
Jean qui, debout sur un piédestal,
lui présente Saint François. Derrière
celui-ci, on aperçoit Sainte Justine,
et de l'autre côté Saint Joseph près
de la Vierge, et au-dessous Saint Jérôme, en habit de cardinal, tenant
un volume de ses écrits.

Ce Tableau, l'un des meilleurs qu'ait produit Paul Véronèse, est tiré de l'église des
religieuses de St.-Zacharia à Venise, où il
se voyait dans la sacristie. Il a été gravé par
Antonio Luciani, d'après un dessin de Tie-
polo.

47. *Le Martyre de Saint Georges.*

Entouré de gardes à pied et à

cheval, Saint Georges est amené devant la statue d'Apollon, pour y sacrifier : là, dépouillé de son armure et prêt à être livré aux bourreaux, dont l'un tient déjà l'épée qui va servir à le décapiter, le Saint est pressé de nouveau par le Ministre des faux Dieux de leur rendre hommage ; mais sans daigner l'écouter, sans être effrayé de ses menaces, il tourne ses bras et ses regards vers le séjour céleste, où la Vierge, rayonnante de gloire, lui apparaît, ayant à ses côtés les Apôtres Saint Pierre et Saint Paul, et les trois Vertus théologales, la Foi, l'Espérance et la Charité, qui paraissent intercéder pour le Saint ; plus bas est un Ange qui lui apporte la palme et la couronne du martyre.

Ce Tableau vient du maître-autel de l'église de St - Georges, à Vérone, et il a toujours passé pour le meilleur des ouvrages que Paul

Véronèse ait laissés dans sa patrie. Le Musée national possède la même composition en petit.

48. *Jupiter foudroyant les crimes.*

Jupiter, armé de la foudre et précédé d'un génie qui tient en main *le registre des arrêts du Conseil des Dix*, fulmine les Crimes, qui, fuyant épouvantés, tombent et se précipitent les uns sur les autres.

Ce morceau est tiré du palais ducal de Venise, où il occupait le milieu du plafond de la salle du *Conseil des Dix* : c'est à cause de cette destination, que les crimes ou délits caractérisés ici par le Peintre, sont la Rebellion, le Crime de faux, la Concussion et la Trahison, dont la connaissance était spécialement réservée à ce tribunal redoutable, dont les arrêts étaient sans appel. Paul Véronèse exécuta cet ouvrage au retour d'un voyage qu'il avait fait à Rome; il s'efforça d'y montrer qu'il avait profité de son séjour dans cette capitale des Arts, et les connaisseurs croient y rencontrer en effet quelques têtes imitées de l'antique.

49. *Jésus-Christ portant sa Croix.*

Jésus abattu et comme anéanti sous le poids de sa croix, est aidé par deux bourreaux qui la soulèvent pour hâter sa marche au supplice. Derrière lui, sa mère s'évanouit dans les bras de la Madeleine.

Ce précieux Tableau, peint sur bois, est de l'ancienne collection des Rois de France.

30. *Le Crucifiement de Notre-Seigneur.*

Jésus-Christ crucifié entre les deux larrons, la tête penchée et la vue éteinte, paraît rendre le dernier soupir. Saint Jean soutient la Vierge évanouie; la Madeleine, pénétrée d'amour, embrasse la croix, et regarde avec douleur l'état cruel de son divin maître. Deux des Saintes femmes sont placées sur le premier plan. L'une tient la main de la Vierge; l'autre, en se cachant le visage, présente l'idée de la plus vive affliction. Sur la droite on aperçoit la ville de Jérusalem.

Ce Tableau, peint sur toile, provient de l'ancienne collection.

91. *Les Pèlerins d'Emmaüs.*

Jésus est représenté à table, assis
vers le milieu : il lève les yeux au
Ciel et bénit le pain. A cette action,
ses disciples le reconnaissent et paraissent transportés de joie.

A la gauche du Christ, la tradi-
tion veut que Paul Véronèse se soit
peint avec une partie de sa famille.
Il est à côté de sa femme qui, debout et magnifiquement vêtue, porte
entre ses bras un enfant encore à la
mamelle. Deux de ses fils habillés à
la vénitienne sont auprès d'elle ; l'un
paraît vouloir se cacher sous sa robe,
dans la crainte d'un épagneul que
tient son frère, et qui veut s'échap-
per.

Deux petites filles en corps de
robe de damas à fleurs, s'amusent à
caresser un gros chien couché devant la table.

Des spectateurs , des domestiques qui servent, et deux enfans, dont l'un à genoux et la main droite posée sur un vase , sont placés sur différens plans.

La scène se passe dans un vestibule orné de colonnes cannelées, dont l'entrée laisse voir la campagne.

Ce Tableau vient de Versailles, et a été gravé par *Sim. H. Thomassin.*

PIETRE de Cortone (Pietro Berrettini), *né à Cortone en* 1596, *mort en* 1669.

52. *La Naissance de la Vierge.*

La Vierge vient de naître; elle est sur les genoux de la nourrice, à qui une femme donne des bandes pour l'envelopper , tandis qu'une jeune fille soutient la tête de l'enfant, couronnée d'étoiles. A gauche on aperçoit Sainte Anne, à qui une servante présente des œufs.

57. *Rémus et Rómulus.*

Rhéa Sylvia, fille de Numitor et nièce d'Amulius, fut mise par ce dernier au nombre des Vestales, pour ôter à Numitor, dont il venait d'usurper le trône, toute espérance de postérité. Malgré ces précautions, Rhéa Sylvia devint mère de deux jumeaux, qui furent nommés Rémus et Romulus. Amulius ordonna que ces enfans seraient exposés sur le Tibre. On rapporte que le fleuve ayant rejeté sur ses bords le berceau des deux jumeaux, une louve, accourue à leurs cris, leur présenta ses mamelles et les allaita.

Le sujet du Tableau est l'instant où Faustulus, garde des troupeaux d'Amulius, frappé d'un prodige aussi étonnant, emporte ces enfans dans sa bergerie, et les remet à Laurentia, sa femme, pour les élever.

PORDENONE (Gio Antonio Licinio da Pordenone, dit le), *né à Pordenone en Frioul en 1484, mort en 1540. Ecole Vénitienne.*

54. *Saint Laurent Justiniani, et autres Saints.*

Au centre de la composition, Saint Laurent, de la famille Justiniani, est représenté prêchant et tenant un livre à la main; deux Religieux de son ordre sont à ses côtés, et sur le devant on voit à droite Saint Jean-Baptiste, et à gauche, Saint Augustin debout, et Saint François à genoux devant l'agneau que porte Saint Jean - Baptiste. Le fond représente l'intérieur d'une Eglise.

Ce Tableau est tiré de l'Eglise de la *Madona del Orto*, à Venise, où il se voyait à la cinquième Chapelle à gauche. Il a toujours passé pour un des meilleurs ouvrages du Pordenone, qui l'a signé en cette manière, JOANNES ANTONIUS PORTUNAENSIS.

RAPHAEL (Sanzio), *né à Urbin le Vendredi saint de l'année* 1483, *mort à Rome, à pareil jour, en* 1520, *âgé de* 37 *ans.*

55. *La Vierge au Donataire.*

Au milieu d'une gloire d'Anges, la Vierge assise, tient dans ses bras l'enfant Jésus , qui joue avec le manteau de sa mère : elle reçoit avec humilité et modestie les vœux et les prières que lui adressent Saint Jean, Saint François et Saint Jérôme, en faveur d'un camérier du Pape, qui les mains jointes, implore avec ferveur sa protection.

Au milieu du Tableau, et sous la Vierge, les yeux levés vers elle, un ange tient une épitaphe destinée à recevoir le nom de ce camérier, donataire du tableau.

Le fond représente un paysage.

Raphaël exécuta ce précieux ouvrage pour *Sigismond Couti*, homme érudit, camérier et premier secrétaire du pape Jules II. Il fut d'abord placé au maître-autel de l'église dite *Araceli*, à Rome. Depuis, et vers l'an 1565, ce Tableau fut porté à Foligno, et donné à l'église des religieuses de Sainte-Anne, dite *Le Contesse*, par *sœur Anna Couti*, nièce de *Sigismond*. Il a été extrait de cette église, et fait partie des cent articles du traité de Tolentino.

Vincenzio Vittoria l'a gravé.

Restauration du Tableau de Raphaël, venu de Foligno.

L'Administration croit rendre un service important aux Arts, en donnant au public un extrait du rapport intéressant que les citoyens Guiton Morveau, Bertholet, Vincent et Taunai, membres de l'Institut national, ont fait à cette société savante, sur l'opération que ce Tableau précieux a subie.

Lorsqu'il fut recueilli à Foligno, il était

dans un tel état de dégradation, que les commissaires pour les Arts, en Italie, hésitèrent s'ils devaient l'envoyer à Paris ; ils ne se déterminèrent à ordonner ce transport, qu'après avoir fixé en plusieurs endroits la peinture qui quittait le fond, par le moyen de gazes collées sur la surface ; outre cette maladie, le fond de bois blanc, de 0^m010 d'épaisseur, sur lequel le Tableau était peint, avait une fente de 0^m010 d'écartement à son extrémité supérieure, et descendait depuis le ceintre, en diminuant progressivement jusqu'au pied gauche de l'enfant Jésus ; depuis cette fracture jusqu'au bord droit, la surface formait une courbe dont la plus grande flèche était de 0^m067 ; et de la fracture jusqu'à l'autre bord, une autre ligne de 0^m054 de flèche. Un grand nombre d'écailles s'étaient déjà détachées, et de plus, la peinture était piquée de vers en plusieurs endroits.

Il était donc instant de songer à sauver de la ruine qui le menaçait ce précieux Ta-

bleau , et l'Administration se décida à le
faire enlever, bien convaincue qu'on ne pouvait refixer la peinture qu'en la reportant sur
un autre fond. Mais comme ce n'est qu'avec
un respect religieux qu'on peut se permettre
une opération de cette importance , et sur-
tout quand il s'agit d'un tableau de Raphaël , elle demanda au Ministre de l'intérieur d'inviter l'Institut national à nommer
dans son sein une Commission , pour suivre
la restauration projetée, et lui en faire un
rapport , afin de tranquilliser les personnes
timorées, ou faire taire celles de mauvaise foi,
et sur-tout pour rendre publiques les opérations les plus simples , et éloigner le
charlatanisme et la jonglerie dont ces
opérations étaient environnées avant sa
gestion.

Cette Commission fut composée des citoyens Guiton et Berthollet, chimistes ; et
des citoyens Vincent et Taunay , peintres.

Ils reconnurent , ainsi que l'Administration, l'urgente nécessité d'enlever le Tableau. Voici le précis des opérations qu'ils ont suivies.

Il fallait d'abord rendre la surface plane : pour y parvenir, on a colé une gaze sur la peinture, et on a retourné le tableau ; après cela, le citoyen Hacquin a pratiqué dans l'épaisseur du bois de petites tranchées à quelque distance les unes des autres, et prolongées depuis l'extrémité supérieure du céintre jusqu'à l'endroit où le fond de bois présentait une surface plus droite ; il a introduit dans ces tranchées des petits coins de bois ; il a couvert ensuite toute la surface avec des linges mouillés, qu'il a eu soin de renouveler ; l'action des coins, qui se gonflaient par l'humidité, contre le bois ramolli, a obligé celui-ci à reprendre sa première forme : les deux bords de la fente dont on a parlé se sont rapprochés ; l'artiste y a introduit de la colle-forte pour réunir les deux parties séparées ; il a fait appliquer des barres de chêne en travers, pour maintenir le tableau pendant la dessication , dans la forme qu'il venait de prendre.

La dessication étant opérée lentement, l'artiste a appliqué une seconde gaze sur la première , puis successivement deux papiers gris spongieux.

Cette préparation, qu'on appelle cartonnage, étant sèche , il a renversé le tableau sur une table , sur laquelle il l'a assujetti avec soin ; il a ensuite procédé à la séparation du bois sur lequel était fixée la peinture.

La première opération a été exécutée au moyen de deux scies , dont l'une agissait perpendiculairement, et l'autre, horizontalement ; le travail des scies terminé , le fond de bois s'est trouvé réduit à o^{m}o1o d'épaisseur; l'artiste s'est servi alors d'un rabot d'une forme convexe sur la largeur ; il le faisait marcher obliquement sur le bois , afin de n'enlever que des copeaux très-courts , et d'éviter le fil du bois; il a réduit , par ce moyen , le bois à o^{m}oo2 d'épaisseur ; il a pris ensuite un rabot plat à fer dentelé, dont l'effet est à peu près celui d'une rape qui réduit le bois en poussière; il est parvenu par-là à n'en laisser que l'épaisseur d'une feuille de papier.

Dans cet état, le bois a été successivement mouillé avec de l'eau pure par petits compartimens, ce qui le disposait à se détacher; alors l'artiste le séparait avec la pointe arrondie d'une lame de couteau.

Le citoyen Hacquin, après avoir enlevé toute l'impression à la colle, sur laquelle le tableau étoit peint, et sur-tout les mastics que d'anciennes restaurations avaient nécessités, découvrit l'ébauche de Raphaël.

Pour rendre un peu de souplesse à la peinture trop desséchée par le temps, il l'a frottée avec de la carde de coton imbibée d'huile, et essuyée avec de la vieille mousseline; ensuite, de la céruse broyée à l'huile a été substituée à l'impression à la colle, et fixée par le moyen d'une brosse douce.

Après trois mois de dessication, une gaze a été collée sur l'impression à l'huile, et sur celle-ci une toile fine.

Lorsque cette toile a été sèche, le Tableau a été détaché de dessus la table et retourné, pour en ôter le cartonnage avec de l'eau; cette opération faite, on a procédé à faire disparaître les inégalités de la surface, qui provenaient du recoquillement de ses parties: pour cela, l'Artiste a appliqué successivement sur les inégalités, de la colle de farine délayée; puis ayant mis un papier gras sur la partie humectée, il a appuyé un fer échauffé sur les recoquillages, qui se sont applanis: mais ce n'est qu'après avoir employé les indices les moins trompeurs pour s'assurer du degré de chaleur convenable, qu'on se permet d'approcher le fer de la peinture.

Nous avons vu qu'on avait fixé la peinture, débarrassée de son impression à la colle et de toute substance étrangère, sur une impression à l'huile, et qu'on avait rendu une

C

forme plane aux parties recoquillées de la surface ; le chef-d'œuvre devait encore être appliqué solidement sur un nouveau fond : pour
cela , il a fallu le cartonner de nouveau , le
dégager de la gaze provisoire qui avait été
mise sur l'impression, ajouter une nouvelle
couche d'oxide de plomb et d'huile, y appliquer une gaze rendue très-souple , et sur
celle-ci , également enduite de la préparation de plomb, une toile écrue, tissée toute
d'une pièce , et imprégnée , à la surface ex-
térieure , d'un mélange résineux qui devait
l'assujettir à une toile pareille , fixée sur le
châssis. Cette dernière opération a exigé
qu'on appliquât exactement à la toile enduite de substances résineuses , le corps du
Tableau débarrassé de son cartonnage , et
muni d'un fond nouveau, en évitant tout ce
qui pouvait lui nuire par une extension trop
forte ou inégale , et cependant en obligeant
tous les points de sa vaste étendue d'adhérer
à la toile dressée sur le châssis. C'est par tous
ces procédés que le Tableau a été incorporé

à une base plus durable que la première
même, et prémuni contre les accidens qui
en avaient produit la dégradation ; puis il a
été livré à la restauration, qui est l'objet de
la seconde partie de ce rapport.

Cette seconde opération, que nous nom-
merons Restauration pittoresque, fut confiée, par l'Administration, au cit. Rœser,
à qui elle doit la réparation des Tableaux les
plus précieux, et dont les succès multipliés
ont motivé sa confiance. Les commissaires,
après avoir indiqué les procédés employés
pour cette partie, assurent qu'elle est aussi
parfaite qu'il était possible de le désirer, et
terminent ainsi leur intéressant rapport :

Nous nous félicitons d'avoir enfin vu ce
chef-d'œuvre de l'immortel Raphaël, rendu
à la vie, brillant de tout son éclat, et par
des moyens tels qu'il ne doit plus rester aucune crainte sur le retour des accidens dont
les ravages menaçaient de l'enlever pour toujours à l'admiration générale.

L'Administration du Musée central des Arts , qui , par ses lumières , a perfectionné l'art de la restauration , ne négligera sans doute rien , pour conserver l'art réparateur dans toute son intégrité ; et , malgré des succès réitérés , elle ne permettra l'application de cet art qu'aux objets tellement dégradés , qu'il y a plus d'avantage à leur faire courir quelques hasards inséparables d'opérations délicates et multipliées , que de les abandonner à la destruction qui les menace. L'invitation que l'Administration du Musée a faite à l'Institut national, de suivre les procédés de la restauration du Tableau de Raphaël, nous est un sûr garant que les hommes éclairés qui la composent, ont senti qu'ils doivent compte de leur vigilance à toute l'Europe éclairée.

———————

56. *Jésus-Christ dans sa gloire, la Vierge , Saint Jean, Saint Paul et Sainte Catherine.*

Jésus-Christ rayonnant de gloire

et assis dans les cieux sur un groupe de nuages supportés par des Anges et des Chérubins ; à ses côtés sont, la Vierge, et Saint Jean-Baptiste, qui, du doigt, montre celui dont il a été le précurseur ; au - dessous on voit Saint Paul tenant son épée; et du côté opposé, Sainte Catherine à genoux, appuyée sur sa roue et tenant la palme de son martyre Le le fond représente un paysage.

Ce Tableau, peint sur bois, vient de l'église de *San-Paolo*, à Parme.

57. Le Portrait de Raphaël et de son maître d'armes.

Raphaël a la main droite posée sur l'épaule de son maître d'armes, qui tient une épée, et qui paraît, en retournant la tête, faire un mouvement d'indication.

Ce Tableau, peint sur toile, vient de Versailles.

58. *Le Portrait du comte Balthasar Castiglione.*

Balthasar Castiglione , homme érudit, fut ami intime de Raphaël; il s'est rendu célèbre par un ouvrage intitulé *Le Courtisan* , qui est encore en grande estime.

Ce Tableau , peint sur toile , vient de Versailles.

59. *Le Portrait du cardinal Inghirami.*

Le cardinal Fedro Inghirami, Homme de lettres et conservateur de la bibliothèque du Vatican, est ici représenté à mi-corps , la berette en tête , et tenant un écrit de la main.

Ce tableau , peint sur toile , vient du palais Pitti , à Florence.

60. *Portrait du Pape Jules II.*

Julien *della Rovère* , natif de Savone , élu pape en 1503 , et mort en 1513 , âgé de 70 ans , s'est également rendu célèbre , et par son humeur guerrière , qui lui mit souvent l'épée à la main, et par son amour pour les Lettres et les Arts, à la restauration desquels il contribua puissamment.

Ce Portrait , peint sur bois , vient du Palais Pitti.

RUBENS (Pierre-Paul), *né à Cologne en 1577, mort à Anvers en 1640.*

61. *Grotius , Juste Lipse , Rubens et son frère.*

Rubens a voulu réunir ici dans un même cadre ses traits et ceux de ses amis les plus chers et les plus illustres. Le premier qui s'offre à la droite du spectateur, est *Grotius*, l'ami de Barneveldt, le généreux défenseur de la liberté de son pays, l'un des plus grands hommes de son tems, soit par les qualités de son cœur, soit

C 4

par son érudition profonde. A ses côtés siége *Juste Lipse*, savant professeur de Belles-Lettres en l'Université de Louvain, célèbre par ses écrits sur la Jurisprudence, la Politique et la Morale : le buste de Sénèque placé derrière lui, sert à caractériser les écrits qu'il a composés sur la doctrine des Stoïciens que Sénèque professait ; les tulipes qui l'accompagnent marquent son goût pour la culture (alors nouvelle) de ces fleurs, et le chien qui caresse *Grotius*, indique son amour pour ces animaux, et que la scène se passe dans son cabinet. A la droite de *Juste Lipse*, est assis *Philippe Rubens*, frère du Peintre, Homme-de-Lettres et Secrétaire de la ville d'Anvers, mort en 1611, âgé de 34 ans. Enfin, à gauche et debout derrière ces personnages, on voit *Pierre Paul Rubens*, le Peintre célèbre au pinceau duquel

on doit ces admirables portraits et
tant d'autres chefs-d'œuvres !

62. *Le Portement de Croix.*

Le Christ, accompagné de sa famille et des Saintes Femmes, gravit
avec peine la montagne du Calvaire;
il est affaissé sous le poids de sa
croix, que deux bourreaux soulèvent.
Sainte Véronique étanche la sueur
qui coule du front du Sauveur; la
Vierge, pénétrée de douleur, s'é-
lance vers son fils pour le soulager;
elle est retenue par Saint Jean fon-
dant en larmes. Sur le devant deux
gardes conduisent les deux Larrons;
dans le haut d'autres gardes à cheval
montent le Calvaire; un d'entr'eux
indique la marche que les condamnés
doivent suivre.

Ce Tableau, peint sur toile vient de l'Ab-
baye d'Afflinghem, près Alost, en Belgique.

63. *Le Christ foudroyant l'Hérésie.*

Le Christ, la foudre en main, va foudroyer le monde; la Vierge implore sa clémence; Saint Dominique et Saint François couvrent le globe de leurs manteaux; Saint Sébastien, Saint Jérôme, Saint Paul, Sainte Catherine, Sainte Cécile, la Madeleine et autres Saints et Saintes, joignent leurs prières à celles de la vierge, pour calmer le courroux et la vengeance du Sauveur.

Ce Tableau, peint sur toile, vient de l'église des Jacobins d'Anvers.

64. *L'Assomption de la Vierge.*

Ce Tableau, peint sur toile, vient de l'église des Carmes-des-Chaux de Bruxelles.

SACCHI (Andrea), *né à Rome en* 1599, *mort en* 1661. *Ecole Romaine.*

65. *Saint Romuald.*

Au sein du désert de Camaldoli, en

Toscane, et assis à l'ombre d'un chêne touffu Saint Romuald, fondateur de l'ordre des Camaldules, s'entretient avec ses religieux dont il est entouré. Il leur explique la vision qu'il a eue d'une échelle qui, posée en terre, atteignait le Ciel, et sur laquelle montaient ceux de ces religieux qui avaient vécu de manière à mériter la béatitude éternelle.

Ce Tableau provient de l'église des Camaldules de St-Romuald à Rome, où il était placé sur le maître-autel. Il a été long-tems regardé comme l'un des quatre meilleurs Tableaux de Rome.

***

SALVATOR ROSA, *né à Naples en 1610, mort en 1673.*

66. *L'Ombre de Samuel.*

A la prière de Saül, la Pythonisse évoque l'Ombre de Samuel, qu'on aperçoit à droite, revêtue d'une longue draperie blanche. De l'autre côté, et sur le premier plan, Saül, cuirassé, est prosterné aux pieds du prophète, et le consulte sur l'issue de la guerre qu'il soutient contre David.

Ce Tableau, peint sur toile, est tiré de Versailles.

TINTORET (Giacomo Robusti, dit le), *né à Venise en 1512, mort en 1594. Ecole Vénitienne.*

67. *Saint Marc délivrant un esclave.*

Un Vénitien, esclave chez les Turcs, et condamné aux tourmens par son maître, est miraculeusement délivré par Saint Marc. Le patient, dépouillé de ses vêtemens, est étendu par terre prêt à être supplicié ; dans cette extrémité il invoque Saint Marc, qui soudain lui apparaît dans les airs : à son aspect, les cordes dont le patient est ga-

rotté se délient , et les instrumens préparés pour son supplice se
rompent en éclats , au grand étonnement des assistans et des bourreaux , dont l'un , plein de dépit ,
montre sa masse rompue en deux
morceaux , à celui qui a ordonné
le supplice , qu'on voit à droite sur
un siége élevé.

Ce Tableau provient de l'Ecole ou Confrérie
de St. Marco à Venise , c'est un des morceaux
les plus capitaux qu'ait produit le Tintoret , qui
le peignit vers 1548 , à l'âge de 36 ans , et c'est
un des trois auxquels il a jugé à propos d'ap-
po er son nom en cette manière : JACOMO.
TENTOR. F.

68. Sainte Agnès ressucite le fils d'un Préfet de Rome.

Sainte Agnes , à genoux , prie
le Seigneur en faveur du fils du Pré-
fet de Rome, Symphronius , qui
ayant voulu lui faire violence dans
le lieu de prostitution où elle avait
été exposée , était tombé mort , et

le rend à la vie, en présence de son père et d'un grand nombre de témoins.

Ce Tableau est tiré de l'église de la Madona d'ell' Orto à Vénic e.

***

TITIEN (Tiziano Vecellio, dit le),
né à Cadore, dans le Frioul véni-tien, en 1477, mort à Venise en 1576.

69. Le Martyre de Saint Pierre Dominicain.

A l'entrée d'une forêt et sur le premier plan, un brigand, après avoir renversé Saint Pierre Dominicain, le frappe d'un glaive et déjà le sang sort des blessures qu'il a reçues ; plus loin, un moine de son ordre, lui même frappé et ensanglanté, fuit effrayé. On aperçoit dans le haut du Tableau, deux Anges qui leur apportent la palme du martyre ; et dans le lointain, quelques brigands à cheval, qui se sauvent.

Ce précieux et magnifique Tableau, que les Artistes regardent comme un des chefs-d'œuvres de l'Art et la plus belle composition de ce grand Peintre, est tiré de l'église de Saint-Jean et Paul à Venise. Il était peint sur bois, lorsqu'il fut recueilli, et le panneau avait environ 6 centimètres d'épaisseur.

Sa grande dimension obligea les commissaires pour les Arts en Italie de le faire transporter par mer jusqu'à Marseille. La frégate *la Favorite*, sur laquelle il était chargé, ayant été battue pendant la traversée par la tempête, et la caisse qui le contenait ayant été mouillée, l'humidité s'introduisit jusqu'au Tableau et fit gonfler le panneau, de sorte que l'impression détrempée ne laissa aucune consistance à la peinture du Titien. La grande sécheresse qui survint lors du décaissement du Tableau, ayant forcé le bois à se retirer, et la peinture ne pouvant suivre le même mouvement, on apperçut la maladie par la multiplicité des écailles qui se manifestèrent. Il fallut l'enlever pour le sauver. Cette opération fut confiée au citoyen Hacquin ; la proportion extraordinaire du Tableau était une difficulté qu'il fallait vaincre, et l'Administration ne peut que se louer de l'aptitude, des soins et du talent qu'il y a apportés. L'opération est la même que celle qui

a été suivie pour le Tableau de Foligno. =
Nous en avons donné l'explication ; nous y
renvoyons les lecteurs.

70. *Le Portrait du marquis del Guasto.*

Alphonse d'Avalos, marquis del
Guasto, debout, en cuirasse et la
tête nue, pose la main droite sur le
sein d'une femme richement habil-
lée ; elle tient un globe de verre,
et écoute avec attention une jeune
femme couronnée de lauriers, qui
semble désigner la Victoire.

Au devant de cette figure, on
voit l'Amour portant un faisceau de
flèches. Il paraît rendre hommage
à la personne qui tient le globe
de verre.

Ce Tableau, peint sur toile, est de l'ancienne collection.

71. *La Vierge, l'Enfant Jésus, Saint Jean
et Sainte Agnès.*

L'Enfant Jésus, debout sur les genoux de la Vierge, regarde Sainte

Agnès avec bonté ; cette Sainte, dans une attitude respectueuse, lui présente d'une main Saint Jean, et de l'autre tie t une palme.

Il vient de l'ancienne collection.

72. *La Sainte Famille, dite la Vierge au lapin.*

La Vierge, assise, tient un lapin blanc, que l'enfant Jésus lui demande avec instance ; sur la droite on voit des moutons qui paissent, et Saint Joseph carressant une brebis noire.

Il vient de l'ancienne collection.

73. *Les Pélerins d'Emaüs.*

Jesus-Christ ayant béni le pain, est reconnu par ses deux Disciples. L'un fait un mouvement qui indique sa surprise et sa joie ; l'autre, les mains jointes et le corps incliné, fait un acte d'adoration.

A la droite de Jésus, on voit un maître d'hôtel et un page.

Ce Tableau, peint sur toile, vient de Versailles. Il est gravé par Masson. L'estampe, connue sous le nom de *la Nappe de Masson*, se vend à la Calcographie du Musée.

74. *Le Portrait du Titien et de sa maîtresse.*

La maîtresse du Titien tient d'une main ses cheveux et de l'autre une phiole remplie d'odeur avec laquelle elle va les parfumer. Le Titien, placé derrière elle, multiplie son portrait en le réflettant dans deux miroirs.

Ce précieux Tableau, peint sur toile, vient de l'ancienne collection.

75. *Un Portrait d'homme.*

Il est coiffé d'un chapeau noir, et tient un gant à sa main.

Ce Tableau, peint sur toile, est de l'ancienne collection.

76. *Le Portrait du cardinal Hypolite de Médicis, en habit militaire.*

Ce prince, fils naturel de Julien

de Médicis, fut créé Cardinal en 1529, par le Pape Clément VII, son cousin ; mais ses mœurs étant plus militaires qu'ecclésiastiques, il portait l'épée, et ne prenait l'habit de Cardinal que lorsqu'il avait à paraître dans quelque cérémonie publique : il mourut en 1553, âgé seulement de 24 ans.

Ce Tableau est tiré du palais Pitti.

WÉENINX le fils (Jean), *né à Amsterdam en 1644, mort en 1719, élève de J.-B. Wéeninx, son père.*

77.   Un lièvre, un paon, une perdrix et autres animaux ou oiseaux morts, sont groupés avec des instrumens de chasse. Sur la droite un chien paraît garder ce butin. Le fond représente l'intérieur d'un parc ; on y voit un grand vase de marbre blanc, sur lequel est représenté l'enlèvement des Sabines.

Ce Tableau est peint sur toile.

SUPPLÉMENT.

BORDONE (Paris).

78. *Un Portrait d'homme.*

Il est vêtu d'une robe fourrée, a la main gauche appuyée sur une table, et de l'autre tient une lettre. Ce portrait se détache sur un fond d'architecture et un rideau vert.

Ce Tableau, peint sur toile, vient de Versailles.

CARLE MARATTE, *né à Came- rano, près Ancône, en 1625, mort en 1713.*

79. *La Nativité de Jesus-Christ.*

La Vierge, assise, tient l'enfant Jésus posé sur sa crèche ; il est environné d'Anges qui le contemplent avec joie ; le nouveau-né les caresse.

Saint Joseph, debout, le montre aux pasteurs, dont l'hommáge par-

raît avoir devancé cette indication ;
la foi semble animer leur zèle. Au
pied de la crèche, et sur la droite,
un jeune berger tient une bergère
par la main, et lui montre avec em-
pressement ce Dieu de paix que
l'Ange leur a annoncé.

On voit une gloire d'Anges au-
dessus de la Vierge ; l'un d'eux
tient un encensoir, les autres des
fleurs, une couronne et une bande-
role sur laquelle était anciennement
tracés ces mots : *Gloria in excelsis.*

Le fond représente une étable
couverte de chaume.

Ce Tableau, peint sur toile, vient de Versailles.

FLINCK (Govaert), *né à Clèves en
1616, mort en 1660.*

80. *Le Portrait d'une jeune Bergère.*

Une jeune fille, la tête ceinte
de fleurs, et richement vêtue, tient
dans ses mains une houlette. Elle
regarde par une croisée.

Ce Tableau est peint sur toile. Guttemberg
l'a gravé.

GIORDANO (Luca), *né à Naples en 1632, mort dans la même ville en 1705, fut élève de Joseph Ribera.*

81. *Mars et Vénus.*

Mars quitte Vénus étendue sur un lit, et lui indique la forge de Vulcain, où il va prendre ses armes pour combattre. Sur le devant un jeune Amour joue avec un chien ; aux pieds de la Déesse est un autre Amour endormi sur le globe, autour duquel se glisse un serpent ; à droite du Tableau deux Nymphes, dont l'une couvre Vénus d'un linge, et l'autre apprête les objets nécessaires à sa toilette.

MYTENS (Daniel), *né à la Haye en 1636, mort en 1688.*

82. *Charles Ier, Roi d'Angleterre, décapité à Londres le 9 Février 1649, dans sa 49.eme année.*

Il est ici représenté à l'âge de 27

ans, debout, appuyé sur sa canne, et l'épée au côté. L'architecture qui sert de fond, a été peinte par Henri Van Stenwick le fils.

Ce portrait, peint sur toile, est tiré de la Galerie de Turin. Il a été exécuté en 1627.

PIETRE (de Cortone).

83. *Le Martyre de Sainte Catherine.*

Ce Tableau, peint sur cuivre, a été acquis par M. d'Angevillers, surintendant des bâti-mens, pour le Cabinet des Tableaux de la Couronne.

VAN DICK.

84. *François de Moncade, marquis d'Ay-tone.*

François de Moncade, issu d'une des plus illustres maisons d'Espagne, fut grand capitaine et historien. Après avoir commandé avec succès les armées espagnoles, et rempli les ambassades les plus difficiles, il fut nommé par le roi d'Espagne, Philippe IV, gouverneur des Pays-Bas, par *interim.* Il est ici repré-senté à cheval, tenant le bâton de commandant.

François de Moncade parlait parfaitement plusieurs langues, et joignait à ses vertus personnelles une grande connaissance des Belles-Lettres. On a de lui un ouvrage estimé sur les expéditions des Catalans et des Aragonais, en Asie et en Grèce, etc.

Ce portrait, peint sur toile, vient du palais du prince Braschi, à Rome. Il est parfaitement gravé par Morghen.

PONTORME (Giacomo Carrucci, dit le), *né à Pontormo, en Toscane, en 1493, mort à Florence en 1556.*

85. *Le Portrait d'un Graveur.*

Il est vu à mi-corps, la tête presque de face et couverte d'un bonnet ou chapeau noir ; son habit est d'une étoffe brune : de la main droite il tient un burin, et sur sa table est un coin ; ce qui fait voir que cet Artiste, dont on ignore le nom, était graveur de monnaies et pierres précieuses.

Ce Tableau, peint sur bois, vient de Versailles.

F I N.

www.ingramcontent.com/pod-product-compliance
Lightning Source LLC
Chambersburg PA
CBHW071421220526
45469CB00004B/1371